LES ÉTRANGERS

BOOK 2

LA CATHÉDRALE LE SOIR

THE LANGUAGE GYM

About the authors

Tom Ball is head of the World Languages faculty and teaches French and Spanish at a leading international school in Malaysia. He is an experienced teacher and veteran faculty leader with 13 years of experience, ranging from the UK, the USA and now Malaysia. An avid writer, his stories are inspired by years of traveling and working around the world, including stints as a melon picker in the South of France, a deckhand in Papua New Guinea, and a wine merchant in London. He lives with his wife, Carlota, his son, Dacho, and their two cats in Kuala Lumpur. Tom has a passion for crafting intriguing story lines, writing witty prose, and creating dynamic characters that jump off the page and come to life.

Dylan Viñales has taught for 15 years, in schools in Bath, Beijing and Kuala Lumpur in state, independent and international settings. He lives in Kuala Lumpur. He is fluent in five languages, and gets by in several more. Dylan is, besides a teacher, a professional development provider, specialising in E.P.I., metacognition, teaching languages through music (especially ukulele) and cognitive science. In the last five years, together with Dr Conti, he has driven the implementation of E.P.I. in one of the top international schools in the world: Garden International School.

Gianfranco Conti taught for 25 years at schools in Italy, the UK and in Kuala Lumpur, Malaysia. He has also been a university lecturer, holds a Master's degree in Applied Linguistics and a PhD in metacognitive strategies as applied to second language writing. He is now an author, a popular independent educational consultant and professional development provider. He has co-authored the best-selling and influential book for world languages teachers, "The Language Teacher Toolkit", "Breaking the sound barrier: Teaching learners how to listen", in which he puts forth his Listening As Modelling methodology and "Memory: what every language teacher should know".

Jérôme Nogues has taught for over 20 years in London and in Shropshire in state and independent schools. He comes from beautiful Toulouse in the southwest of France. He is an EPI enthusiast and Head of Languages in Packwood Haugh, a small Prep School near Shrewsbury. He is the founder of 'Poésíæ' & 'Poésíært': Global MFL poem recitation and art competitions. He is, as well, Head of Digital Learning and loves running CPD sessions to help fellow teachers learn and develop their ed tech skills. He is also passionate about digital transformation. Jérôme has started a YouTube channel where he reviews educational websites, shares tech tips and tricks and interviews cool people from the ed tech and the language teaching and learning world in his series 'Spotlight'.

DEDICATION

For Catrina
- Gianfranco

For Ariella and Leonard
- Dylan

For Dacho
- Tom

For Lucien and Paulette
- Jérôme

Acknowledgements

A big thanks to our friends and family for the ongoing support and patience while we work hard to produce these resources.

A special mention, as always, to the fabulous MFL Twitterati community for their support and feedback throughout the creation process of this book.

As always, credit to our illustrator Jean for her hard work and for lending her creativity and skill to help bring characters & scenes to life.

Introduction

In the second part of the *Les Étrangers* series, Sam receives an unexpected phone call which sets him on a new path in his quest to uncover his past and learn his true identity.

Should he meet the mysterious caller in Toulouse's ominous Gothic cathedral after dark? Will the caller reveal who Sam is and how he came to be in Toulouse? Or will the sinister gang boss, Albert, be lying in wait for him?

When his new friends, Yuki and Joanna, agree to accompany him, they set out on a night time adventure that will take them into the bowels of the medieval city and confront the dark forces that are gathering against them.

Along the way, Sam gradually discovers more about his own character but starts to wonder which of his new friends he can trust.

Conceived for, and with input from, iGCSE French students, the **Les Étrangers series** brings the iGCSE topic areas to life through an engaging and exciting mystery in one of the most beautiful locations in France. Thanks to its parallel texts which guarantee 100 % comprehensible input at all times; the repetition of key language items; the judicious use of cognates and choice of high-frequency vocabulary drawn from the 2,500 most frequent French words, this book is ideal for learners in the A2-B1 proficiency band.

TABLE OF CONTENTS

Chapter	Page
1	1
2	7
3	18
4	25
5	31
6	38
7	47
8	57

CHAPTER 1

Chapter 1: Un appel imprévu

Un téléphone sonne. J'ouvre les
yeux : la pièce est sombre et je
n'ai pas l'énergie de le chercher
pour l'éteindre.

5

Je ferme les yeux et j'essaie de
me rendormir, mais le
téléphone continue de sonner.
Je ne peux pas dormir, mais je
10 ne veux pas me lever non plus.

J'ai l'impression que le
téléphone sonne depuis des
heures, mais je reste au lit. La
15 sonnerie devient plus forte et
j'entends la voix profonde et
ennuyée de mon colocataire,
Hassan.

20 — Qu'est-ce qui se passe ?! Je
veux dormir ! Il est six heures
du matin !

Hassan se lève et attrape le
25 téléphone par terre. La sonnerie
devient encore plus forte et
j'imagine que tous les clients de
l'auberge peuvent l'entendre.

30 — Qu'est-ce qui se passe ? je
lui demande sans sortir de mon
lit.

A phone is ringing. I open my
eyes: the room is dark and I
don't have the energy to look
for it and turn it off.

I shut my eyes and try to go
back to sleep, but the phone
keeps ringing. I can't sleep, but
I don't want to get up either.

It feels like the phone is ringing
for hours, but I stay in bed. The
ringtone gets louder, and I hear
the deep, annoyed voice of my
roommate, Hassan.

"What's going on?! I want to
sleep! It's 6 a.m.!"

Hassan gets up and looks for
the phone on the floor. The
ringtone gets even louder, and I
imagine that all of the guests in
the hostel can hear it.

"What's going on?" I ask him
without getting out of bed.

— Qu'est-ce qui se passe ?! Quelqu'un a laissé son foutu portable dans notre chambre, voilà ce qui se passe ! Aha ! Il
5   sort quelque chose de sous mon lit. Je l'ai trouvé !

— Eh bien, éteins-le, mon pote... je dis à Hassan alors que
10   j'essaie de me rendormir.

— Nooon! dit Hassan surpris. Sam, tu dois voir ça.

15

Je laisse échapper un grognement mais je me lève pour regarder le portable.

20   — Pourquoi il ne l'éteint pas ?

Je prends une profonde inspiration et je regarde le téléphone. Ce que je vois me
25   réveille instantanément, comme un choc électrique. Sur l'écran il y a la photo d'un groupe de garçons jouant au football.

30   Le garçon au centre de la photo porte un maillot de football français et... c'est moi !

"What's going on?! Someone has left their damn phone in our room, that's what's going on! Ah ha!" He pulls something out from under my bed. "I've got it!"

"Well, turn it off, my friend …" I tell Hassan while I am about to fall asleep again.

"No way!" says Hassan, surprised. "Sam, you have to see this."

I let out a groan but I get up to look at the mobile phone.

Why doesn't he turn it off?

I take a deep breath and look at the phone. What I see wakes me up instantly, like an electric shock. On the screen there's a photo of a group of boys playing football.

The boy in the centre of the photo is wearing a French football top and … *it's me!*

Ça doit être *mon* portable !
Peut-être qu'il a des
informations sur mon identité...
ma famille.

J'arrache le portable d'Hassan et
y réponds sans hésitation.

— Oui ? je dis à bout de
souffle.

— Sam ?! C'est une voix
d'homme, mais je ne la
reconnais pas. Tu es réveillé ?

— Eh bien... je le suis
maintenant... mais qui êtes-
vous ? Que voulez-vous ?

— Tu es en danger, Sam. Viens
à la cathédrale ce soir à minuit.
Il faut agir vite.

— À minuit à la cathédrale ?
Vous devez m'expliquer ce qui
se passe... je dis, mais personne
ne répond. Le téléphone s'est
éteint, la batterie est morte.

This must be *my* phone! Maybe
it has information about my
identity… my family.

I snatch the phone from Hassan
and answer it without
hesitation.

"Yes?" I ask breathlessly.

"Sam?!" It's a man's voice, but
I don't recognise it. "Are you
awake?"

"Well … I am now … but who
is this? What do you want?"

"You are in danger, Sam. Come
to the cathedral tonight at 12.
We have to act fast."

"At midnight in the cathedral?
You have to explain what's
going on …" I say, but nobody
replies. The phone has turned
off; the battery is dead.

Hassan est debout et me regarde fixement. Je lui explique la conversation que je viens d'avoir.

5

Hassan montre le message sur le mur de notre chambre. On peut toujours lire clairement : « RETOURNE DANS TON

10   PAYS ».

— Tu crois que celui qui t'a appelé est le même artiste qui a fait ça ? demande-t-il.

15

Je regarde autour de moi. La pièce est toujours en désordre, mal rangée. Quelqu'un est venu hier soir, après mon accident,

20   pour chercher quelque chose. Peut-être que c'était le téléphone ?

— Non... ce n'était pas la même

25   personne. J'ai l'impression que cette personne veut m'aider.

Je me sens vraiment mal.

30   Hassan doit en avoir assez. Passer du temps avec moi semble dangereux. Comme c'est pénible !

Hassan is on his feet staring at me. I tell him about the conversation I've just had.

Hassan points to the message on the wall of our room. It can still be read clearly: *'GO BACK TO YOUR COUNTRY.'*

"You think the person who called you is the same artist who did this?" he asks me.

I look around. The room is still untidy, messy. Someone came here last night, after my accident, to look for something. Maybe it was the phone?

"No … it wasn't the same person. I get the impression that this person wants to help me."

I feel awful. Hassan must be fed up. Spending time with me seems to be dangerous. How annoying!

— Je suis désolé, Hassan, je
commence à dire. Je ne veux
pas causer autant de
problèmes... mais je ne sais pas
5 quoi faire.

Je suis complètement perdu...
Je ne sais toujours pas qui je
suis, d'où je viens ni où je vais !
10

Hassan s'assied sur mon lit et
me dit :
— Hé, mon pote. Tu n'as pas à
15 t'excuser. Tout ceci est la faute
de ces idiots qui te menacent.
Voyons si ton nouvel ami, celui
qui a appelé, te rappelle.

20

Voilà. Il me tend un chargeur et
je branche mon téléphone.
Viens, allons prendre un café,
tu te sentiras mieux.
25

— Oui, tu as raison, Hassan. Je
vais prendre une douche et je te
verrai sur la place, d'accord ?

"I'm sorry, Hassan …" I start
to say. "I don't want to cause
so many problems … but I
don't know what to do."

*I'm completely lost … I still
don't know who I am, where I
come from nor where I'm
going!*

Hassan sits on my bed and
says,
"Listen, mate. You don't
have to apologise. All of this is
the fault of those idiots who are
threatening you. Let's see if
your new friend, the one who
called, phones you again."

"Here," he gives me a charger
and I plug in the phone. "Come
on, let's go for a coffee and
you'll feel better."

"Yes, you're right, Hassan. I'm
going to take a shower and I'll
see you in the square, okay?"

CHAPTER 2

Sam prend Valentina par surprise

Je laisse le téléphone en charge
pendant que je prends une
douche. Puis je m'habille et je
descends à la réception, mais il
5   n'y a personne.

J'entends de la musique
française et je me demande si
Valentina est dans le salon
10 derrière la réception. Je me
souviens de ce que Valentina
m'a dit la veille : « Je t'aime
bien, Sam. » Sans réfléchir, je
m'approche de la porte.
15

— Valentina ? je dis, en
regardant par la porte
entrouverte.

20 Personne ne répond. J'ouvre
lentement la porte :
— Valentina, tu es là ?

Dans le salon, je sens le parfum
25 délicat de Valentina. Je veux la
voir... mais où est-elle ?

Dans le salon, il y a un canapé
et plusieurs meubles qui
30 semblent très anciens. C'est
comme un appartement de
grands-parents.

I leave the phone charging
while I take a shower. Then I
get dressed and go down to
reception, but there's no one
there.

I hear French music and I
wonder if Valentina is in the
lounge behind the reception. I
remember what Valentina said
to me the night before, 'I like
you, Sam.' Without thinking, I
walk up to the door.

"Valentina?" I say looking
through the half-open door.

No one replies. I open the door
slowly.
"Valentina? Are you there?"

In the lounge I smell
Valentina's delicate aroma. I
want to see her … but where is
she?
There is a sofa and various
items of furniture that appear to
be very old. It's like a
grandparent's apartment.

D'un côté du salon, il y a un grand placard en bois et, dans un coin, une lampe à l'ancienne.

5

Le sol est recouvert d'un tapis persan. Je ne peux pas honnêtement imaginer Valentina dans cet
10 appartement. De l'autre côté du salon, il y a une autre porte et je vois que la lumière est allumée.

Je peux entendre la musique
15 clairement maintenant : c'est de la musique pop.
— Bonjour, je dis doucement. Tu es là, Valentina ?

20 Je regarde par la porte et je vois un four et un réfrigérateur. C'est la cuisine. Il y a quelqu'un là. « Valentina ? » je répète, mais maintenant je suis
25 nerveux.

Pourquoi personne ne répond ? Se pourrait-il que la personne qui a saccagé ma chambre soit
30 ici ?
J'atteins la porte et je jette un coup d'œil prudent.

On one side of the lounge there is a large wooden cupboard and, in the corner, an old-fashioned lamp.

The floor is covered by a Persian rug. I honestly can't imagine Valentina in this apartment.
On the other side of the lounge is another door and I see that the lights are on.

I can hear the music clearly now: it's French pop.

"Hello?" I say quietly. "Are you there, Valentina?"

I look through the door and see an oven and a refrigerator. It's the kitchen. There is someone there. "Valentina?" I repeat but now I'm nervous."

Why is no one answering me? Could it be that the person who ransacked my room is here now?
I reach the door and I peer in carefully.

La cuisine est un chantier, il y a des boîtes de conserve et des bouteilles sur le plan de travail, des assiettes et des verres sales

5   empilés dans l'évier.

J'entends des voix.

On dirait que quelqu'un se
10 dispute.

— Hé toi ! Tu es dans un appartement privé, dit une voix rauque et en colère. De l'autre
15 côté de la cuisine, il y a un homme grand, costaud, au crâne rasé, et la personne avec qui il est est... Valentina ! Je n'arrive pas à le croire !

20

Comme j'ai été stupide. Bien sûr que Valentina a un petit ami ! Pourquoi une fille aussi parfaite voudrait-elle être avec
25 moi ?? Pourquoi les mauvaises choses m'arrivent-elles toujours ?

J'ai l'impression de ne pas
30 pouvoir contrôler mes émotions. J'aimerais que le monde m'avale !

The kitchen is a mess, there are cans and bottles on the worktop, and plates and dirty glasses piled up in the sink.

I hear voices.

It sounds as if someone was arguing.

"You there! You're in a private apartment," says a hoarse, angry voice. On the other side of the kitchen, there is a tall, well-built, shaven-headed man, and the person he's with is … Valentina! I can't believe it!

How stupid I've been. Of course Valentina has a boyfriend! Why would such a perfect girl want to be with me?? Why do bad things always happen to me?

I feel like I can't control my emotions. *I wish the world would swallow me up!*

— Excusez-moi... Désolé... Je
bégaie et je me rue hors de
l'auberge en courant, les larmes
aux yeux.

5

Je sèche mes larmes et je
prends une profonde inspiration
avec l'image de Valentina
gravée dans mon esprit.

10 — Qu'est-ce qui ne va pas
maintenant, Sam ? demande
Hassan quand j'arrive sur la
place. Tes yeux sont rouges.

15 — Rien, rien, tout va bien,
l'ami. Je n'ai juste pas bien
dormi... je dis.

— Moi non plus, mon pote,
20 répond-il.

Rémy, l'animal de compagnie
d'Hassan, un rat blanc aux yeux
rouges, dépasse de la veste
25 d'Hassan. Il me regarde avec
intérêt et je souris.

Hassan fait signe à la serveuse
et commande un café.
30

La serveuse regarde le rat et
lève les sourcils, mais elle ne
dit rien.

"Excuse me… Sorry …" I
stutter, rushing out of the hostel
with tears in my eyes.

I dry my tears and take a deep
breath with the image of
Valentina etched into my mind.

"What's up now, Sam?"
Hassan asks me when I arrive
in the square. "Your eyes are
red."

"Nothing, nothing, all good,
mate. It's just that I didn't sleep
well …" I say.

"Nor did I, mate," he replies.

Rémy, Hassan's pet - a white
rat with red eyes - peeks out of
Hassan's jacket. He looks at me
with interest and I smile.

Hassan waves at the waitress
and orders a coffee.

The waitress looks at the rat
and raises her eyebrows but
doesn't say anything.

— Je t'offre un café, Sam. La journée d'hier a été difficile, mais aujourd'hui sera beaucoup mieux.

5

Je soupire et regarde les gens sur la place. Il est tôt et il y a déjà des enfants qui jouent tandis que leurs grands-parents

10   les regardent.

Une fille blonde dans une robe jaune parle à son petit ami. Ils ont tous l'air très heureux. Je

15   sors la photo mystérieuse que la vieille dame a trouvée hier et la regarde attentivement.

C'est la photo d'une jeune

20   femme.

— Lorena, Lorena, qui es-tu, Lorena ?

25   Je me sens si seul : je ne sais pas où est ma famille, ni même si j'ai une famille, et la seule fille qui me plaît s'avère avoir un petit ami.

30

—Peut-être que je devrais partir,

"I'll buy you a coffee, Sam. Yesterday was a tough day, but today will be much better."

I sigh and look at the people in the square. It's early and there are already some kids playing while their grandparents watch them.

A blond girl in a yellow dress talks to her boyfriend. They all seem very happy. I take out the mysterious photo that the old lady found yesterday, and I look at it carefully.

It is the image of a young woman.

Lorena, Lorena, who are you, Lorena?

I feel so alone: I don't know where my family is, nor even if I have a family, and the only girl I like turns out to have a boyfriend.

"Maybe I should leave,

je ne sais pas, recommencer ailleurs, je marmonne.	I don't know, start again somewhere else," I mutter.
—Mais qu'est-ce que tu dis, Sam ? Tu ne peux pas partir sans découvrir la vérité. N'es-tu pas curieux d'aller à la cathédrale ? Pour découvrir qui tu es ? Et découvrir ce que tu faisais ici avant l'accident ?	"But what are you saying, Sam? You can't leave without finding out the truth. Aren't you curious about going to the cathedral? To figure out who you are? And figure out what you were doing here before the accident?"
La serveuse revient avec deux tasses et je range la photo.	The waitress returns with two cups, and I put the photo away.
La serveuse me sourit et je la remercie.	The waitress smiles at me and I thank her.
— Peut-être que la personne sur la photo sera dans la cathédrale et qu'elle t'expliquera tout, dit Hassan, en donnant un morceau de biscuit à son rat, Rémy. Et alors tu pourras résoudre le mystère : ton identité, ta famille, ton histoire.	"Perhaps the person in that photo will be at the cathedral and they'll explain everything to you", says Hassan giving a piece of biscuit to his rat, Rémy. "And that way you will be able to solve the mystery: your identity, your family, your story."
Je bois une gorgée de café. C'est très chaud. Tout autour de moi, les gens parlent avec animation.	I take a sip of coffee. It is very hot. Around me people are chatting away.

D'un côté, Hassan a raison, la
vérité est que je suis curieux
d'aller à la cathédrale.
Mais d'un autre côté, j'ai peur
5   d'avoir autant d'ennemis.

Quoi qu'il en soit, j'aime être à
Toulouse ; j'ai des amis ici et
10 apprendre le français est
amusant et utile pour l'avenir.

Soudain, quelqu'un crie,
interrompant mes pensées.
15

Je sursaute et je regarde en
direction du bruit.

20 Un garçon court vers nous :
c'est Ivan, le garçon aux yeux
noirs d'encre avec lequel je me
suis battu hier. Il porte une
petite valise et il semble
25 stressé.

Soudain, je vois son caniche,
Zizou. Il vient aussi vers nous,
alors je me lève rapidement.
30

Le chien s'approche de nous en
aboyant comme un fou.

On the one hand, Hassan is
right, the truth is that I am
curious about going to the
cathedral. But, on the other
hand, I am afraid to have so
many enemies.

In any case, I like being in
Toulouse; I have friends here
and learning French is fun and
useful for the future.

All of a sudden, someone
shouts, interrupting my
thoughts.

It gives me a startle and I look
towards the noise.

A boy is running towards us:
it's Ivan, the boy with the black
eyes like ink, who I was
fighting yesterday. He's
carrying a little case and he
seems stressed.

Suddenly, I see his poodle,
Zizou. He's also heading for us,
so I get up quickly.

The dog approaches us, barking
like a crazy thing.

Un instant plus tard, je réalise que Zizou poursuit Rémy, le rat d'Hassan.	A moment later, I realise that Zizou is chasing after Rémy, Hassan's rat.
5 Rémy laisse son biscuit et court vers une rue étroite à côté du café.	Rémy leaves the biscuit and runs in the direction of a narrow street next to the café.
— Zizou ! Zizou ! crie Ivan. 10 Reviens ici tout de suite, Zizou !	"Zizou! Zizou!" shouts Ivan. "Come back here right now, Zizou!"
Hassan regarde la scène avec horreur, mais j'ai envie de rire. 15 Quand Ivan arrive à notre table, il ne nous regarde même pas.	Hassan looks at the scene with horror, but I feel like laughing. When Ivan arrives at our table, he doesn't even look at us.
Rémy a disparu avec le caniche, mais on peut entendre 20 le chien aboyer.	Rémy has disappeared with the poodle, but we can hear the dog barking.
— Tu pars en vacances, Ivan ? je lui demande en montrant sa valise. 25	"You going on holiday, Ivan?" I ask him, pointing at his suitcase.
— Ce n'est pas une valise, répond Ivan. C'est ma trompette.	"It's not a suitcase," Ivan answers. "It's my trumpet."
30 — Tu joues de la trompette ? dis-je, surpris. Je ne pensais pas que tu étais amateur de musique.	"You play the trumpet?" I say, surprised. "I didn't think you were a music lover."

— Tu ne sais rien de moi.

Soudain, le caniche court
terrifié vers Ivan, en hurlant. Je
ne sais pas exactement ce qui
s'est passé, mais j'ai
l'impression que Rémy a mordu
Zizou.

— Ton rat est un terroriste,
marmonne Ivan. Je vais lui
donner de la nourriture spéciale
pour rats.

— Et ton chien enragé est
dégoûtant, dit Hassan en colère.

— Et toi... Ivan me regarde. Tu
n'es pas le bienvenu ici.
Tu devrais retourner dans ton
pays.

Je sens qu'un autre combat est
sur le point de commencer. Et
puis je les interromps :
— J'aimerais rentrer chez moi,
si seulement je savais où
c'était... De toute façon, je dois
aller à l'école de langues
Virelangues. J'ai mon cours de
français dans une demi-heure.

“You know nothing about me.”

Suddenly, the poodle runs
terrified back to Ivan, howling.
I don’t know exactly what’s
happened, but I get the
impression that Rémy has
bitten Zizou.

“Your rat is a terrorist,” mutters
Ivan. “I’m going to give him
some *special rat food*.”

“And your rabid dog is
disgusting,” says Hassan
angrily.

“And you,” Ivan looks at me.
“You are not welcome here.
You should go back to your
country.”

I detect that another fight is
about to break out. And then I
interrupt them:
“I would like to go home, if
only I knew where that is … In
any case, I have to go to the
language school, *Virelangues*. I
have my French lesson in half
an hour.”

Oui, tu as vraiment besoin de cours de français, dit Ivan d'un ton sarcastique, mais je l'ignore.

"Yeah, you really need French lessons," says Ivan sarcastically but I ignore him.

CHAPTER 3

Un visiteur vient à l'école de langues

Ivan disparaît avec son caniche
et Hassan part à la recherche de
son rat. Pendant ce temps, je
vais à l'école de langues.
5 Joanna et Yuki m'attendent à la
porte de Virelangues.

Je leur explique ce qui s'est
passé la nuit dernière - que
10 quelqu'un est entré dans ma
chambre et a laissé un message
sur le mur.
— Mais Hassan a trouvé mon
portable, je dis. Je l'ai laissé en
15 charge dans ma chambre.

— Ouah ! répond Joanna.
Et tu penses que c'est l'indice
dont tu as besoin ?
20 — Je l'espère.

— Et ne pourrait-il pas s'agir
d'un esprit maléfique qui te
suit ? demande Yuki en me
25 regardant intensément avec ses
yeux bleus. Yuki a une
curiosité morbide.

— Euh... je ne pense pas, Yuki,
30 et, à vrai dire, j'espère que ce
n'est pas le cas... Je regarde
l'heure sur la pendule de la
réception.

Ivan disappears with his poodle
and Hassan goes off to look for
his rat. Meanwhile, I head off
to the language school. Joanna
and Yuki are waiting for me at
the door of *Virelangues*.

I explain to them what
happened yesterday night—that
someone came into my room
and left a message on the wall.

"But Hassan found my phone,"
I say. "I left it charging in my
room."

"Wow!" responds Joanna.
"And you think that it's the
clue you need?"
"I hope so."

"And couldn't it be an evil
spirit that's following you?"
asks Yuki looking at me
intensely with her blue eyes.
Yuki has a morbid curiosity.

"Erm… I don't think so, Yuki
and, to be honest, I hope that's
not the case…" I look at the
time on the clock in reception.

Hé écoute, on est en retard pour le cours !

"Hey listen, we're late for class!"

L'enseignante, Renata, nous
5   salue lorsque nous entrons dans la classe. Elle porte un t-shirt noir, une écharpe verte et des lunettes à monture épaisse.

The teacher, Renata, greets us as we enter the classroom. She is wearing a black t-shirt, a green scarf, and thick-rimmed glasses.

10   C'est une dame excentrique, mais aussi très gentille. Elle a les cheveux blonds, mais je ne pense pas que ce soit naturel.

She is an eccentric lady, but also very kind. She has blond hair, but I don't think it's natural.

15   Renata nous donne une feuille d'exercices sur la famille. Je lis la première question : « 1. La mère de mon père est... ».
Je prends mon crayon et j'écris
20   : « ma grand-mère ».

Renata gives us a worksheet about family. I read the first question: *1. The mother of my father is ...*
I pick up my pencil and write: *my grandmother.*

La question suivante dit : « 2. La femme de mon père est... » L'Américain que j'ai rencontré
25   hier - je crois qu'il s'appelle Chad - lève la main.

The next question says: *2. My father's wife is ...*
The American I met yesterday - I think he's called Chad - raises his hand.

— Madame, mes parents sont divorcés alors je ne sais pas
30   quoi écrire dans le numéro deux...

"Miss, my parents are divorced so I don't know what to write for number two …"

— Tout à fait, Chad ! Ça peut
être ta mère ou ta belle-mère.

— Ou la maîtresse de mon
5   père ? dit Chad pensivement.

— Oui, mon cher, c'est
possible, répond Renata en
posant une main sur son épaule.
10

Le cours de français est très
amusant. Je m'amuse beaucoup
avec mes camarades de classe,
et Renata me donne aussi un
15   sentiment de sécurité.

J'aime vraiment être à l'école de
langues. C'est comme si c'était
ma maison en France. Une
20   deuxième maison sans savoir
où se trouve ma vraie maison…

Mais aujourd'hui je suis distrait
et un peu agité. Je me demande
25   si je dois aller à la cathédrale ce
soir ou pas. Je ne sais pas quoi
faire.

Pendant le cours, j'ai besoin
30   d'aller aux toilettes. J'ai trop bu
de café.

"You're spot on, Chad! It could
be your mother or your
stepmother."

"Or my father's mistress?" says
Chad thoughtfully.

"Yes, dear, it could be,"
answers Renata, putting a hand
on his shoulder.

The French class is a lot of fun.
I have a great time with my
classmates, and Renata also
gives me a sense of security.

I really like being at the
language school. It's as if it
were my home in France. A
second home without knowing
where my real home is …

But today I am distracted and a
bit restless. I ask myself
whether I should go to the
cathedral tonight or not. I don't
know what to do.

During the lesson I need to go
to the toilet. I've drunk too
much coffee.

Je quitte la classe et je me
dirige vers les toilettes. Quand
je sors des toilettes, je vois qu'il
y a quelqu'un avec moi dans le
5 couloir. Un homme dans un
costume noir.

Il me faut un moment pour le
reconnaître et je me fige.
10 L'homme ne me voit pas.

Il se dirige aussi vers notre
classe, donc je ne peux pas voir
son visage. Mais ce que je peux
15 voir, c'est le serpent tatoué sur
son cou.

C'est Albert.

20 C'est le père d'Ivan, le gangster
notoire. Il doit être là pour moi,
je me dis, paniqué. Je repars en
douce dans les toilettes sans
faire de bruit.
25
Je me souviens que Paulette, la
vieille dame de la place, m'a vu
avec Albert quelques instants
avant mon accident. Et je me
30 souviens aussi qu'après, son
fils, Ivan, a été surpris de me
voir en vie et en pleine forme.

I leave the classroom and I
head to the toilets. When I
leave the toilets, I see that there
is someone with me in the
corridor. A man in a black suit.

It takes me a moment to
recognise him and I freeze. The
man doesn't see me.

He is also walking towards our
classroom so I can't see his
face. But what I can see is the
snake tattooed on his neck.

It's Albert.

He is the Ivan's father, the
infamous gangster. *He must be
here for me,* I think, dying of
panic. I duck back into the
toilets without making a noise.

I remember that Paulette, the
old lady in the square, saw me
with Albert a few moments
before my accident. And I also
remember that afterwards his
son, Ivan, was surprised to see
me alive and kicking.

Je pense aux messages de
menaces et à l'argent inexpliqué
dans mon portefeuille.

5   Albert est ici pour finir son
travail ; il est ici pour me finir.

Que dois-je faire ? Je dois
sortir, mais Albert bloque ma
10 seule issue de secours.

Peut-être que je devrais rester
dans les toilettes ? Mais il va
sûrement me trouver...
15

Je regarde dans toutes les
directions, sans savoir ce que je
cherche. Transpirant comme un
bœuf, je suis dans un état de
20 panique, quand soudain je vois
qu'il y a une fenêtre dans les
toilettes. C'est très petit, mais
c'est ma seule option.

25 Je verrouille la porte et j'ouvre
la fenêtre. L'ouverture est très
étroite, mais je dois essayer.
Soudain, quelqu'un entre dans
les toilettes. Je n'ose même pas
30 respirer.

I think about the threatening
messages and the unexplained
money in my wallet.

Albert is here to finish the job;
he is here to finish me.

*What should I do? I have to get
out, but Albert is blocking my
only escape route.*

*Maybe I should stay in the
toilets? But he's surely going to
find me ...*

I look in every direction
without knowing what I'm
looking for. Sweating like a pig
(literally like a beef), I am in a
state of panic, when I suddenly
see that there is a window in
the toilets. It's very small but
it's my only option.

I bolt the door shut and open
the window. The opening is
very narrow, but I have to try it.
All of a sudden, someone
comes into the toilets. I don't
even dare to breathe.

Une minute s'écoule avant que la personne n'essaie d'ouvrir la porte. Voyant qu'elle ne s'ouvre pas, il essaie de forcer la porte et la secoue.

— Qui est à l'intérieur ? marmonne Albert. Sa voix est dure et agressive.

Mon cœur bat vite maintenant. Sans faire le moindre bruit, en respirant à peine, et sans me retourner, j'ouvre la fenêtre et je sors dans la rue.

Dieu merci, la fenêtre est au rez-de-chaussée et j'atterris en douceur. Je me relève et je respire.

— Je l'ai échappé belle, me dis-je avec soulagement.

— Monsieur Sam… dit une voix derrière moi et mon cœur se serre.

A minute goes by before the person tries to open the door. Seeing that it doesn't open, he tries to force the door and he shakes it.

"Who's in there?" mutters Albert. His voice is rough and aggressive.

My heart is beating fast now. Without making the slightest sound, without hardly breathing, and without looking back, I open the window and go out onto the street.

Thankfully, the window is on the ground floor and I land smoothly. I straighten up and breathe.

I escaped by the skin of my teeth, I say to myself, relieved.

"Mr. Sam …" says a voice behind me and my heart sinks.

CHAPTER 4

Sam joue du cajon

« Oh mon Dieu, quelle journée je passe ! ».

D'abord, je vois Valentina avec son petit ami, puis Albert vient me chercher à l'école de langues et maintenant... maintenant, le policier, Victor, me surprend en train de quitter l'école par la fenêtre.

— Tu sais que nous utilisons habituellement la porte en France, Monsieur Sam, dit l'officier Victor d'un ton sarcastique.

Je me sens comme un vrai idiot. La dernière fois que j'étais avec l'agent Victor, il m'a demandé mon adresse et mon nom de famille, et je n'ai pas pu lui dire. Maintenant, il me voit sortir par la fenêtre.

Il doit penser que j'ai perdu la tête. Je ne veux pas dire que je me cache d'Albert parce que je suis gêné.

Oh my word! What a day I'm having.

First, I see Valentina with her boyfriend, then Albert comes to look for me at the language school and now … now the policeman, Victor, catches me leaving the school via a window.

"You know that in France we tend to use the door, Mr Sam," says Agent Victor in a sarcastic tone.

I feel like a real idiot. The last time I was with Agent Victor, he asked me for my address and last name, and I couldn't tell him. Now he sees me climbing out of a window.

He must think that I have lost my mind. I don't want to tell him that I am hiding from Albert because I am embarrassed.

—Agent Victor, dis-je en me redressant, c'est juste que... j'ai dû sortir et... la fenêtre était le moyen le plus direct...

"Agent Victor," I say standing up, "it's just that … I had to get out and … the window was the quickest route …"

Je peux voir que l'agent Victor ne me fait pas confiance, mais pour autant que je sache, passer par la fenêtre n'est pas interdit par la loi.

I can see that Agent Victor doesn't trust me, but as far as I know, climbing out of a window is not against the law.

— Où vas-tu si vite, petit ? il me demande en me fixant.

"Where are you going in such a hurry, kiddo?" he asks, staring at me.

Je regarde autour de moi. J'ai peur qu'Albert me cherche encore. Mais, en même temps, je me sens en sécurité avec un policier à mes côtés.

I look around me. I am scared that Albert is still looking for me. But, at the same time, I feel safe with a policeman at my side.

— Je vais sur la place, agent Victor, pour voir mon ami Hassan.

"I'm going to the square, Agent Victor, to see my friend, Hassan.

—Ah oui, le fameux Hassan, ton complice. Fais attention, petit, j'ai l'impression que notre ami Hassan a un passé compliqué, sourit l'agent Victor. Allez, je viens avec toi pour m'assurer que tu ne fasses pas d'autres bêtises.

"Ah yes, the famous Hassan, your partner in crime. Be careful, kid, I get the impression that our friend Hassan has a complicated past." Victor smiles. "Come on, I'll go with you to make sure that you don't get up to any mischief."

Que veut dire Victor ?
Qu'est-ce que ça veut dire :
« un passé compliqué ? »

5   Quand nous arrivons sur la
place, je vois qu'Hassan joue de
la guitare. Un groupe de
gamins l'écoute.

10 Il nous regarde d'un air inquiet,
mais Victor ne dit rien et se
rend au poste de police.

15 Il y a beaucoup de monde sur la
place maintenant : des touristes
qui regardent des plans, des
serveurs qui accueillent des
clients, et des locaux qui lisent
20 leurs journaux.

Je me sens en sécurité ici.
Hassan me salue et m'invite à
m'asseoir à côté de lui sur une
25 caisse en bois.

— Quoi de neuf, mec ? Tu
veux jouer avec moi ?

30 — Jouer ? je réponds, confus.
Jouer de quoi ?

What does Victor mean?
What does 'a complicated past'
mean?

When we arrive at the square,
I see that Hassan is playing the
guitar. A group of kids are
listening to him.

He looks at us with concern in
his face, but Victor doesn't say
anything and heads off to the
police station.

There are lots of people in the
square now: tourists looking at
maps, waiters who welcome
customers, and locals reading
their papers.

I feel safe here. Hassan greets
me and invites me to sit next to
him on a wooden box.

"What's new, mate? You
wanna play with me?"

"Play?" I respond, confused.
"Play what?"

— Le cajon, Sam. Tu ne te
souviens pas ? Tu joues du
cajon comme un champion...
Allez, jouons quelque chose.

"The *cajon*, Sam. Don't you
remember? You play the *cajon*,
like a champ… Come on,
let's play something."

5

Et Hassan commence à jouer.
Au début, je ne sais pas quoi
faire. Je m'assois à côté de lui
comme un citron. Je ne joue
pas d'un instrument.

And Hassan starts to play. At
first, I don't know what to do.
I'm sitting beside him like a
lemon. I don't play any
instruments.

10

Comment vais-je jouer du
cajon dans une place pleine
d'étrangers ?

*How am I going to play the
'cajon' in a square full of
strangers?*

15

Mais au bout d'un moment,
quelque chose d'étrange
m'arrive.
En écoutant la guitare d'Hassan,
je sens le rythme dans mon
corps.

But after a while something
strange happens to me.

Listening to Hassan's guitar,
I feel the rhythm in my body.

20

C'est un sentiment très étrange
et... agréable et, soudain, je
joue du cajon... Je m'immerge
dans la musique... C'est la
première fois que... la première
fois que je me reconnais.

It's a very strange sensation
and…pleasant and, suddenly,
I am playing the *cajon* … I am
immersed in the music … It's
the first time that … the first
time that I recognise myself.

25

Je regarde les gens qui nous
écoutent. Ils aiment la musique
que nous jouons. Je me sens
calme... en paix... Heureux !

I look at the people who are
listening to us. They like the
music we're playing. I feel
calm … at peace … Happy!

30

Après un moment, un homme entre sur la place, ses mouvements sont agités, erratiques. C'est Albert.

5

Sans réfléchir, je me lève et je m'enfuis dans la direction opposée.

10 J'entends Hassan qui m'appelle, mais je l'ignore et je cours vers l'Auberge de Saint-Sernin.

Quand j'arrive à l'auberge, il y a
15 un autre homme à la réception. C'est le petit ami de Valentina. Grand, la tête rasée et, malheureusement, très beau :
— Tu es Sam, non ?
20

Je n'ai pas envie de lui parler, mais j'acquiesce.

25 — Je suis Fernand. Mes amis m'ont parlé de toi. On se verra plus tard, j'en suis sûr.

Then, a man enters the square, his movements agitated, erratic. It's Albert.

Without thinking, I get up and flee in the opposite direction.

I hear Hassan calling me, but I ignore him and I run back to l'Auberge de Saint-Sernin.

When I arrive at the hostel, there is another man in reception. It's Valentina's boyfriend. Tall, shaved head and, unfortunately, very handsome. "You're Sam, right?"

I don't want to talk to him, but I nod.

"I am Fernand. My friends told me about you. We'll see each other later, I'm sure."

CHAPTER 5

Une décision difficile

Dans l'après-midi, Joanna et
Yuki viennent me chercher à
l'auberge. Elles m'invitent à
sortir avec elles.

5

J'ai toujours peur de rencontrer
Albert, mais je ne veux pas non
plus être seul.

10 Yuki dit qu'elle veut aller dans
la vieille ville pour visiter un
musée qui l'intéresse.

Je regarde l'heure sur mon
15 portable : il est cinq heures.

Pendant que nous marchons, je
dis à Yuki et Joanna pourquoi
j'ai quitté la classe si tôt. Elles
20 écoutent attentivement.

— Il est possible qu'Albert ait
un ami qui travaille à l'école,
dit Joanna. Je ne pense pas qu'il
25 était là pour toi.

Yuki s'arrête devant un
magasin qui vend des armes
traditionnelles. Il y a des
30 couteaux, des épées et d'autres
armes dans la vitrine.

In the afternoon, Joanna and
Yuki come to the hostel to look
for me. They invite me out with
them.

I'm still afraid of bumping into
Albert, but I don't want to be
alone either.

Yuki says she wants to go to
the old town to visit a museum
she's interested in.

I look at the time on my phone:
it's 5 p.m.

As we walk, I tell Yuki and
Joanna why I left class so early.
They listen attentively.

"It's possible that Albert has a
friend who works in the
school," says Joanna. "I don't
think he was there for you."

Yuki stops in front of a shop
selling traditional weapons.
There are knives, swords, and
other weapons in the shop
window.

— Je pense qu'Albert est un tueur en série, dit-elle, en tremblant d'émotion et avec un sourire morbide en regardant dans la vitrine. Tu dois l'éviter, Sam.

Hmm... merci, Yuki. Je n'ai pas l'intention de l'inviter à ma fête d'anniversaire !

— Sais-tu quand est ton anniversaire ? Joanna me demande.

Je la regarde froidement.

— Je suppose que non... dit Joanna d'une voix basse.

— Non... mais au moins j'ai un téléphone portable maintenant, je leur dis, en leur montrant le téléphone.

Pour aller au musée, il faut passer à côté de la cathédrale. C'est un bâtiment grandiose et intimidant.

Je pense à l'appel mystérieux que j'ai reçu.

"I think that Albert is a serial killer," she says, trembling with emotion and with a morbid smile, while looking in the shop window. "You have to avoid him, Sam".

"Erm…thanks, Yuki. I'm not intending to invite him to my birthday party!"

"You know when your birthday is?" asks Joanna.

I look at her coldly.

"I suppose not …" says Joanna in a low voice.

"No … but at least now I have a mobile," I say to them showing my mobile.

To get to the museum we have to walk past the cathedral. It's a grand and intimidating building.

I think about the mysterious phone call I received.

Que dois-je faire ? Si je vais à la cathédrale ce soir, que va-t-il m'arriver ? Peut-être qu'Albert, le gangster – le possible tueur en série – m'attendra là-bas.

Cependant, si je n'y vais pas, je ne saurai jamais qui m'a appelé ni pourquoi.
Et si la personne qui m'a appelé sait qui je suis et veut m'aider ? Peut-être que Lorena sera là...

Nous arrivons au musée - le musée Saint-Raymond - et payons l'entrée. À l'intérieur, il y a une collection macabre d'armes et d'instruments de torture datant des croisades et du siège de Toulouse.

— Sais-tu que pendant le siège de Toulouse, des centaines de personnes ont été tuées ici à Toulouse ? On dit que les esprits tourmentés des victimes hantent encore la cathédrale la nuit.

Je regarde Yuki et je soupire.

What should I do? If I go to the cathedral tonight, what will happen to me? Perhaps Albert, the gangster - the possible serial killer - will be waiting for me there.

However, if I don't go, I will never know who called nor why. And what if the person who called knows who I am and wants to help me.
Maybe Lorena will be there ...

We arrive at the museum - the Saint-Raymond Museum - and we pay the entrance fee. Inside there is a macabre collection of weapons and torture instruments from the time of the crusades and the Toulouse siege.

"You know that during the Toulouse siege, hundreds of people died here in Toulouse? They say that the tormented spirits of the victims still haunt the cathedral at nighttime."

I look at Yuki and sigh.

Merci, mon amie. Ces histoires
m'aident beaucoup.

Joanna rit. Nous arrivons à la
5 boutique de souvenirs et Yuki
regarde les couteaux et les
croix pendant que Joanna et
moi nous asseyons dans un
coin.
10

— Je ne pense pas que tu
devrais aller à la cathédrale ce
soir, Sam. C'est trop dangereux.
Pourquoi ne peux-tu pas
15 rencontrer cette personne
pendant la journée et
ailleurs... ?

Je hausse les épaules.
20 — Il semble que c'est la façon
de faire des gens ici.

Plus tard, Yuki, Joanna et moi
prenons un jus d'orange dans un
25 café situé dans l'une des rues
étroites près de la cathédrale.

L'Auberge de Saint-Sernin ne
doit pas être loin d'ici, mais
30 c'est difficile de savoir où
exactement car les rues sont
comme un labyrinthe.

"Thanks, mate. These stories
help me a lot."

Joanna laughs. We arrive at the
gift shop and Yuki looks at the
knives and crosses while
Joanna and I sit in a corner.

"I don't think you should go to
the cathedral tonight, Sam. It's
too dangerous. Why can't you
meet this person during the day
and in a different place ...?"

I shrug my shoulders.
"It seems that this is how
people do things around here."

Later on, Yuki, Joanna and I
have an orange juice in a café
in one of the narrow streets
near the cathedral.

L'Auberge de Saint-Sernin
can't be far from here, but it's
hard to know where exactly
because the streets are like a
maze.

Je suis toujours nerveux après l'incident avec Albert. Voir la collection d'instruments de torture ne m'a pas calmé non
5 plus.

— As-tu décidé de ce que tu vas faire ? Joanna demande, sentant mon anxiété.
10

Je hausse encore les épaules.
— Je sais qu'aller à la cathédrale la nuit peut être dangereux, voire stupide, mais
15 je dois découvrir qui je suis, et donc, je n'ai pas le choix.

Je bois mon jus d'orange et je
20 respire profondément. Malgré la chaleur ici à Toulouse, je frissonne, mais de peur.

— Bon, d'accord, dit soudain
25 Joanna. Si tu dois aller à la cathédrale, nous allons t'aider, n'est-ce pas, Yuki ?

30 Yuki me regarde avec ses yeux perçants et acquiesce.

I'm still nervous after the incident with Albert. Seeing the collection of torture instruments has not calmed me down either.

"Have you decided what you're going to do?" asks Joanna, sensing my anxiety.

I shrug my shoulders again. "I know that going to the cathedral at nighttime may be dangerous, stupid even, but I have to figure out who I am, and, for that reason, I don't have any choice."

I drink my juice and take a deep breath. Despite the heat in Toulouse, I'm shivering, but from fear.

"Well, okay," says Joanna suddenly. "If going to the cathedral is what you have to do, we're going to help you, right, Yuki?"

Yuki looks at me with her penetrating eyes and nods her head.

— Bien sûr… peut-être que
nous aurons de la chance et que
nous verrons quelques
fantômes qui traînent dans la
5 cathédrale la nuit.

"Of course…maybe we'll be
lucky and we'll see some of the
ghosts who hang out in the
cathedral at night."

CHAPTER 6

Paulette aide Sam

Il se fait tard et je viens de me
changer à nouveau.

Je suis habillé d'un short, d'un
t-shirt noir, des baskets, et
d'une casquette noire. Ça ne me
va pas vraiment, mais je pense
que porter des vêtements noirs
a du sens. Mon sac à dos est
également noir.

Je me demande si j'ai l'air d'un
criminel et je croise les doigts
pour ne pas retomber sur l'agent
Victor.

Valentina est à la réception,
mais je ne veux pas lui parler.
Je ne veux pas parler non plus à
son petit ami, Fernand. Je suis
toujours triste et déçu.

— Où vas-tu, Sam ? me
demande Valentina.

— Je rencontre Joanna et
Yuki, je réponds.

— Tu as envie de faire quelque
chose ensemble un de ces
quatre ? dit Valentina.

It's getting late and I've just
got changed again.

I get dressed in shorts, a black
t-shirt, sneakers, and a black
hat. It doesn't suit me very
well, but I think that dressing in
black makes sense. My
backpack is also black.

I wonder if I look like a thug
and cross my fingers that I
won't bump into Agent Víctor
again.

Valentina is in the reception,
but I don't want to talk to her.
Nor do I want to talk to her
boyfriend, Fernand. I'm still
feeling sad and disappointed.

"Where are you off to, Sam?"
asks Valentina.

"Meeting up with Joanna y
Yuki," I reply.

"You fancy doing something
together at some point?" says
Valentina.

— Un de ces quatre, oui, je réponds vaguement. L'image d'elle avec son petit ami est encore vive dans mon esprit. La vérité est que je ne comprends pas pourquoi elle veut faire quelque chose avec moi, mais ce n'est pas le moment maintenant de demander.

— Je dois y aller, je dis. Il est onze heures et demie.

Valentina répond avec un sourire nerveux alors que je passe la porte. Le soleil s'est déjà couché. Il n'y a pas de lune, mais je vois briller des étoiles ici et là.

J'entends les cris des enfants qui jouent à proximité et je me demande pourquoi ils ne sont pas au lit.

Yuki et Joanna m'attendent sur la place. Hassan est avec elles, il parle à Rémy et il lui donne des miettes à manger.

Joanna porte des baskets blanches, un t-shirt rose très moulant et des leggings.

"At some point, yes," I respond vaguely. The image of her with her boyfriend is still alive in my mind. The truth is, I don't understand why she wants to do something with me, but now is not the moment to ask.

"I have to go," I say. "It's 11:30."

Valentina responds with a nervous smile as I walk out the door. The sun has already set. There is no moon, but I see some stars shining here and there.

I hear the shouts of children playing nearby and I wonder why they're not in bed.

Yuki and Joanna are waiting for me in the square. Hassan is with them, talking to Rémy and feeding it some crumbs.

Joanna is wearing white trainers, a very tight, pink t-shirt and leggings.

On dirait qu'elle est prête pour un cours d'aérobic, mais je ne dis rien vu que je ressemble à un voleur.

Yuki, de son côté, porte un sweat à capuche, un short militaire, une ceinture avec des choses qui ressemblent à des armes, des mitaines et des bottes de combat.
Elle ressemble à un soldat des forces spéciales.

— Quelle équipe ! dit Hassan en riant aimablement. Et vous ne pensez pas que Victor va vous arrêter pour errer dans les rues à cette heure comme une bande de délinquants ?

Un des enfants qui jouait sur la place vient parler à Yuki. Le garçon la regarde fixement et finit par dire :
— Est-ce que tu es Lara Croft ?

— J'aimerais être Lara Croft, répond Yuki.

Nous laissons Hassan sur la place, jouant de la guitare avec son rat Rémy sur son épaule.

She looks like she's on her way to an aerobics class, but I don't say anything given that I look like a thief.

Yuki, on the other hand, is wearing a hoodie, military shorts, a belt with various items which appear to be weapons, fingerless gloves, and combat boots.
She looks like a special forces soldier.

"What a team!" says Hassan laughing amiably. "And don't you think Victor is going to arrest you guys for wandering the streets at this time like a gang of delinquents?"

One of the children who was playing in the square comes to speak to Yuki. The little boy stares at her and says finally, "Are you Lara Croft?"

"I wish I were Lara Croft," answers Yuki.

We leave Hassan in the square, playing the guitar with his rat Rémy on his shoulder.

La vérité, c'est que je veux
rester avec lui et jouer du cajon
à nouveau, mais l'essentiel
maintenant est de découvrir
mon identité. Je dois aller à la
cathédrale.

Yuki me regarde et dit :
— Hé... ton ami Hassan... son
visage me semble familier.
D'où vient-il ?
— Honnêtement, je ne sais
pas... Je pense qu'il est
marocain. Pourquoi ?

— Eh bien... rien... Je suis sûre
que ce n'est rien...

Nous remontons les rues
étroites et silencieuses qui
mènent à la cathédrale. Tout est
désert, il n'y a pas une âme en
vue. Il semble que toute la ville
est rassemblée sur la place.

Quand nous arrivons aux portes
de la cathédrale, il y a un
silence terrifiant. A cette heure,
les ombres semblent vous
regarder. J'essaie d'ouvrir la
porte magnifique. Elle est
fermée.

Truth be told, I want to stay
with him and play the *cajon*
again, but the important thing
now is finding out my identity.
I have to go to the cathedral.

Yuki looks at me and says,
"Hey … your friend, Hassan …
his face looks familiar to me.
Where is he from?"
"Honestly, I don't know … I
think he's Moroccan. Why?"

"Well … nothing … I'm sure
it's nothing …"

We walk up the narrow, silent
streets that lead to the
cathedral. Everything is
deserted, there is not a soul in
sight. It seems like the whole
town has gathered in the
square.

When we arrive at the doors to
the cathedral, there is a
terrifying silence. At this hour,
the shadows give the
impression that they are
watching. I try to open the
magnificent door. It is closed.

— Je n'arrive pas à y croire, dit Joanna en montrant un panneau sur la porte. La cathédrale est fermée pour rénovation

5 jusqu'en septembre. C'est fermé, Sam ! Quelle malchance ! On ne peut pas entrer. J'entends une pointe de soulagement dans sa voix.

10

— Mais... ce n'est pas possible ! je réponds, frustré. Pourquoi nous rencontrer ici si c'est fermé ?

15

— Regarde là-bas, dit doucement Yuki. Au bout de la rue, une silhouette vêtue de noir passe en trombe et

20 disparaît. C'est la seule personne que nous avons vue dans le quartier. C'est peut-être la même personne qui t'a téléphoné !

25

Nous courons jusqu'au bout de la rue en suivant la mystérieuse silhouette.

30 Mais quand on y arrive, la personne avait disparu.

"I can't believe it," says Joanna pointing to a sign on the door. "The cathedral is closed for refurbishment until September. It's closed, Sam. What bad luck! We can't go in."
I detect a hint of relief in her voice.

"But … it can't be!" I answer, frustrated. "Why are we meeting here if it's closed?"

"Look over there," whispers Yuki. At the end of the street, a figure in black rushes past and then disappears. It's the only person we've seen in the neighbourhood. "It could be the same person who called you!"

We run to the end of the street following the mysterious figure.

But when we get there, the person had disappeared.

— Oh, mon Dieu ! dis-je en enfouissant mon visage dans mes mains. Je ne pensais pas qu'on aurait autant de
5 problèmes à entrer dans la cathédrale.

Pourquoi doivent-ils faire des rénovations en ce moment ?!
10

Je regarde en haut et en bas de la rue et je ne vois personne. Une effraie des clochers hulule.

15 — Tu ne crois pas qu'on devrait rentrer à la maison ? demande Joanna, la voix tremblante.

Yuki examine les murs épais de
20 la cathédrale. Je me demande si elle va essayer de les escalader pour entrer à l'intérieur.

— Je ne peux pas, Joanna. J'ai
25 passé deux jours sans identité et tout ce que j'ai, c'est une photo de quelqu'un que je ne connais pas et un appel téléphonique mystérieux. Hier, j'ai cru que
30 j'étais un voleur et aujourd'hui je reçois des messages énigmatiques comme si j'étais un espion.

"Darn it!" I say burying my head in my hands. "I didn't think we would have so many problems getting into the cathedral.

Why do they have to do the refurbishment work now?!

I look up and down the street and see no one. A barn owl hoots.

"Don't you think we should go home?" asks Joanna in a trembling voice.

Yuki is studying the thick cathedral walls. I wonder if she's going to try to climb them to get in.

"I can't, Joanna. I've spent two days without an identity and the only thing that I have is a photo of someone I don't know and a mysterious phone call. Yesterday, I thought I was a thief and today I am receiving cryptic messages as if I were a spy.

Je dois découvrir qui je suis.

Soudain, une voix sort de l'ombre. Joanna et moi sursautons alors que Yuki regarde dans l'obscurité avec fascination.

— Lorsque j'étais ballerine, je venais à la cathédrale la nuit...

Dans l'obscurité, je vois Paulette, la petite vieille de la place, assise dans une niche derrière nous.

— Paulette, vous nous avez fait peur ! je lui dis avec la chair de poule et mort de peur.

— J'avais un petit ami, tu sais ? continue Paulette. J'étais la femme la plus belle et la plus élégante de tout Toulouse, et mon petit ami était dans l'armée. Mais nos familles n'approuvaient pas notre relation.

J'ai l'impression qu'elle est folle à lier et qu'elle dit n'importe quoi.

I have to figure out who I am."

Suddenly, a voice comes out of the shadows. Joanna and I jump while Yuki looks into the darkness in fascination.

"When I was a ballerina, I used to come to the cathedral at nighttime …"

In the darkness I see Paulette, the little old lady from the square, sitting in a niche behind us.

"Paulette, you scared us!" I say to her with goose bumps and scared to death.

"I had a boyfriend, you know?" Paulette continues. "I was the most beautiful and elegant woman in the whole of Toulouse and my boyfriend was in the army. But our families did not approve of our relationship."

I get the impression that she's completely bonkers and only speaks nonsense.

— Je sais, Paulette. Vous étiez ballerine et vous aviez un très beau petit ami, dis-je avec un peu plus de sarcasme que je ne le voulais.

On a un problème, Paulette. On essaie d'entrer dans la cathédrale, mais c'est fermé.

Paulette se lève avec beaucoup d'effort et se dirige vers moi. Elle sent la fumée et les ordures, mais je vois dans ses yeux une énergie que je n'avais jamais vue auparavant.

— Suis-moi, gamin. Mon petit ami et moi passions par le passage secret. Je peux te le montrer si tu veux.

"I know, Paulette. You were a ballerina, and you had a very handsome boyfriend," I say to her a little more sarcastically than I intended.

"We have a problem, Paulette. We are trying to get into the cathedral, but it's closed."

Paulette gets up with a lot of effort and moves towards me. She smells of smoke and rubbish, but I see an energy in her eyes that I had never seen before.

"Follow me, kiddo. My boyfriend and I used to go in through the secret passageway. I can show it to you if you want."

CHAPTER 7

Dans les catacombes

Nous marchons avec Paulette jusqu'au bout de la rue, puis nous tournons à gauche.

We walk to the end of the street with Paulette and then turn left.

5 Nous entrons dans une petite rue très étroite et sombre ; la tour de la cathédrale se dresse au-dessus de nous. Le ciel est noir et j'entends le tonnerre au
10 loin.

We enter a very narrow, dark alleyway; the cathedral tower looms above us. The sky is black, and I hear thunder in the distance.

Je me demande s'il va pleuvoir.

I wonder if it's going to rain.

À droite et à gauche, il y a des
15 bâtiments en pierre dilapidés qui semblent être très anciens. Les quelques fenêtres qu'il y a sont fermées et ont des barreaux.
20

On the right and left there are dilapidated stone buildings which appear very old. The few windows there are, are closed and have bars on them.

Il ne fait pas froid, mais un frisson parcourt mon corps.

It's not cold, but a shiver runs through my body.

Après quelques centaines de
25 mètres, Paulette s'arrête près d'un portail métallique dans le mur.

After about a hundred metres, Paulette stops by a metal gate in the wall.

— Peut-on passer par ici ? je demande à Paulette en
30 désignant le portail.

"Can we get in through here?" I ask Paulette, pointing to the gate.

Paulette rit brusquement, ce qui la fait tousser.

Paulette laughs abruptly which then makes her cough.

—Pas par ici, petit. L'entrée est par là.

Elle montre une trappe secrète dans le sol. Mon cœur s'enfonce comme une pierre dans l'eau.

— Par ici ? je répète d'un air incrédule en respirant rapidement.

— Oui, petit. C'est ainsi que mon petit ami, Jules, et moi entrions dans la cathédrale la nuit. Nous dansions dans la lumière qui entrait à travers les vitraux quand il n'y avait personne.

Je me mets à genoux et je soulève la trappe avec difficulté. De l'autre côté de la trappe, il fait encore plus sombre que dans la rue, mais je peux voir qu'il y a un passage souterrain.

— Tu dois suivre le tunnel pour arriver aux catacombes de la cathédrale.

— Les catacombes ?! je dis, en la regardant fixement.

"Not through here, son. The entrance is through there."

She points to a secret trap door in the ground. My heart sinks like a stone in water.

"This way?" I repeat incredulously while breathing quickly.

"Yes, son. This is how my boyfriend, Jules, and I used to get into the cathedral at night. We used to dance in the light entering through the stained-glass windows when no one else was around."

I kneel down and lift the trap door with difficulty. On the other side of the trap door, it's even darker than in the street, but I can see that there is an underground passageway.

"You have to follow the tunnel to get to the cathedral catacombs."

"The catacombs?!" I say, staring at her.

Joanna pose une main sur mon épaule :

— Je suis désolée, Sam, mais je ne peux pas venir avec toi. Je suis claustrophobe et de toute façon, je ne pense pas que ce soit une très bonne idée d'aller dans le tunnel.

Pendant ce temps, Yuki sort quelque chose de sa ceinture. Elle me regarde et dit :

— Heureusement que j'ai deux torches. Elle me passe une petite torche et je l'allume.

Le passage est étroit et sombre, et il semble aussi humide et froid. Argh !

— Yuki, je dis, regrettant presque d'être venu à la cathédrale, la vérité est que j'ai peur. Je ne sais pas si je peux le faire.

— Que dis-tu, Sam ? répond Yuki. Nous sommes venus ici pour savoir qui tu es vraiment. Nous ne pouvons pas abandonner maintenant !

Joanna puts a hand on my shoulder.
"I'm sorry, Sam, but I can't come with you. I'm claustrophobic and, in any case, I don't think it's a very good idea to enter this tunnel."

Meanwhile, Yuki is taking something off her belt. She looks at me and says, "Lucky I have two torches." She passes me a small torch and I turn it on.

The tunnel is narrow and dark, and also feels damp and cold. Urgh!

"Yuki," I say, almost regretting coming to the cathedral, "the truth is, I'm scared. I don't know if I can do this."

"What are you saying, Sam?" Yuki answers. "We've come here to find out who you really are. We can't give up now!"

Mon portable vibre. J'ai un
message. Joanna et Yuki me
regardent fixement.

My phone vibrates. I have a
message. Joanna and Yuki stare
at me.

5 Pendant ce temps, Paulette
fume une cigarette,
distraitement.

Meanwhile, Paulette is
smoking a cigarette
distractedly.

— Mon soldat et moi avons
10 passé des nuits passionnées ici,
en secret, vous savez, dit la
vieille dame, sans faire
attention à nous. Comme le
temps passe vite !
15

"My soldier and I spent
passionate nights here, in
secret, you know?" says the
little old lady, not paying
attention to us. "How time
flies!"

— Qui est-ce ? me dit Yuki
d'un ton sec.

"Who is it?" says Yuki sharply.

Je lis le message. C'est un
20 numéro inconnu : « Où es-tu ?
Tu dois venir vite ! »
Je regarde l'heure sur mon
portable. Il est minuit et quart.
Je suis en retard.
25

I read the message. It's from an
unknown number: *Where are
you? You have to come quickly!*
I look at the time on my phone.
It's 12:15. I'm running late.

— D'accord, si tu ne veux pas y
aller en premier, suis-moi, dit
Yuki en entrant dans le tunnel.
Joanna secoue la tête.
30

"Okay, if you don't want to go
first, follow me," says Yuki
climbing into the tunnel.
Joanna shakes her head.

— Si Yuki peut le faire, alors
moi aussi je peux, je murmure.

"If Yuki can do it, then I can
too," I mutter.

Je n'arrive pas à croire que j'entre dans un passage souterrain à minuit.

I can't believe that I'm getting into an underground tunnel at midnight.

5 Une fois à l'intérieur, j'ai froid. Je regarde mon short et mon t-shirt, et je regrette de ne pas porter un jean et un sweat.

Once inside, I feel cold. I look at my shorts and my t-shirt, and regret not wearing jeans and a sweatshirt.

10 Il n'y a pas de place pour marcher, alors nous rampons à quatre pattes aussi vite qu'on peut. Je peux sentir la ville de pierre au-dessus de moi et je
15 me demande comment le toit du tunnel peut supporter le poids.

There isn't room to walk so we crawl on all fours as fast as we can. I can feel the stone city above me and I wonder how the ceiling of the tunnel can support the weight.

Après un long moment à
20 ramper, le passage s'ouvre sur une grande grotte.

After a long time crawling, the tunnel opens up into a large cave.

— Où sommes-nous ?

Where are we?

25 Je sors du tunnel et je regarde autour de moi. Les murs de la grotte sont faits de pierres de forme inhabituelle.

I climb out of the tunnel and look around me. The walls of the cave are made of unusually shaped stones.

30 — Les catacombes, dit Yuki distraitement.

"The catacombs," says Yuki distractedly.

J'éclaire les murs avec ma
torche. Je me sens mal. Les
murs sont faits d'os. Il y a des
crânes, des jambes, des mains
5   et des pieds gisants partout.
Yuki me regarde et dit : Cool,
n'est-ce pas ?

Elle touche un crâne avec un
10 visage effrayant.

— Cool ? je dis. Non, je ne
pense pas que ce soit cool du
tout. Allez, Yuki. Nous devons
15 nous dépêcher.

Au bout des catacombes, il y a
un escalier en pierre. Nous le
montons lentement et arrivons
20 enfin à l'intérieur de la
cathédrale. C'est vraiment assez
extraordinaire. Le peu de
lumière qui entre par les
immenses fenêtres illumine
25 l'intérieur de la cathédrale et,
malgré les échafaudages
partout, c'est magnifique.

— Impressionnant, murmure
30 Yuki. Regarde, me chuchote-t-
elle.

I shine the torch on the walls.
I feel sick. The walls are made
from bones. There are skulls,
legs, hands and feet lying all
over the place. Yuki looks at
me and says, "Pretty cool,
right?"

She's touching a skull with a
scary face.

"Cool?" I say. "No, I don't
think it's cool at all. Let's go,
Yuki. We have to hurry."

At the end of the catacombs
there is a stone staircase. We
climb it slowly and, finally, we
arrive in the cathedral. It's
really quite extraordinary. The
scarce light entering through
the enormous windows
illuminates the cathedral
interior and, in spite of the
scaffolding everywhere, it is
magnificent.

"Impressive," murmurs Yuki.
"Look," she whispers to me.

Je vois que la silhouette que
nous avons vue dans la rue est à
l'autel de la cathédrale. Cela me
donne la chair de poule.

5

Je me souviens de l'appel que
j'ai reçu : « Tu es en danger. »
Il avait dit : « Nous devons agir
maintenant ».

10

Je m'approche lentement de la
silhouette immobile. Mes yeux
s'habituent à l'obscurité dans la
cathédrale et je peux voir qu'il
15 y a des ombres tout autour de
nous.

Je pense au musée et aux
fantômes que Yuki a
20 mentionnés. Mon corps veut
sortir d'ici et aller sur la place
où il y a des gens, de la
musique et des enfants qui
jouent. Mais je suis désespéré
25 de découvrir qui je suis ; je ne
peux pas partir maintenant.

Je dois savoir qui est à l'autel et
s'il me connaît. Je suis dans le
30 transept de la cathédrale. Je
peux entendre l'écho de mes
pas alors que je me dirige vers
l'autel.

I see that the figure we saw in
the street is at the cathedral
altar. It gives me goosebumps.

I remember the call I received.
'You are in danger,' he'd said.
'We have to act now.'

Slowly I approach the
motionless figure. My eyes are
getting used to the darkness
inside the cathedral and I can
see that there are shadows
around us.

I think of the Museum and the
ghosts mentioned by Yuki. My
body wants to get out of here
and go to the square where
there are people, music and
children playing. But I am
desperate to find out who I am;
I can't leave now.

I have to know who is at the
altar and if they know me. I am
in the aisle. I can hear the echo
of my footsteps walking
towards the altar.

Je me rends compte que Yuki
n'est plus avec moi, mais je
continue à avancer vers la
silhouette.

5 Je ressens un mélange de peur,
de nervosité et d'excitation.

Je respire rapidement. Je suis à
dix mètres de la silhouette et
10 maintenant elle bouge.

C'est un homme portant un
sweat à capuche et un
survêtement gris. Je ne le
15 reconnais pas, mais quand il se
retourne, il y a quelque chose
de familier dans son visage.

— Sam, tu es venu, il me dit,
20 soulagé. On m'a dit que tu avais
eu un accident. J'étais très
inquiet. On dirait que tu es en
danger.

25 — On dirait bien. Pourquoi
m'avez-vous amené ici ? Je ne
pense pas que ce soit l'endroit
le plus sûr de Toulouse.

30 — Nous sommes dans la
maison de Dieu, Sam. Mais tu
sais pourquoi tu es ici.

I realise that Yuki is no longer
with me, but I keep moving
towards the figure.

I feel a mix of fear, nerves, and
excitement.

I am breathing fast. I am ten
metres away from the figure
and now it moves.

It's a man wearing a hood and a
grey tracksuit. I don't recognise
him but when he turns, there is
something familiar about his
face.

"Sam, you came," he says to
me, relieved. "I was told that
you had an accident. I was very
worried. It seems that you are
in danger."

"It seems so. Why have you
brought me here? It doesn't
seem the safest place in
Toulouse."

"We're in the house of God,
Sam. But you know why you
are here."

— Non, monsieur, je ne sais
rien. Après l'accident, j'ai perdu
la mémoire...

5 — Mais la Cassole…dit-il,
surpris. Et tu me reconnais,
n'est-ce pas ? Je suis ton oncle,
Sam.

10 Mais à ce moment-là, quelqu'un
- ou quelque chose - sort de
l'ombre et avant de pouvoir dire
quoi que ce soit, il frappe très
fort mon... oncle à la tête ?

"No, sir, I don't know
anything. After the accident, I
lost my memory ..."

"But the Cassole ..." he says
surprised. "And you recognise
me, don't you? I'm your uncle,
Sam."

But at that moment, someone -
or something - emerges from
the shadows and before I can
say anything, it delivers a huge
blow to my … uncle's head?

CHAPTER 8

Sam et Yuki s'enfuient

Le temps s'arrête alors que je regarde mon oncle tomber sur le sol. Je vais vomir.

Time stands still while I watch my uncle fall to the ground. I'm going to be sick.

5 — Il est mort ? Que dois-je faire ?

Is he dead? What should I do?

L'agresseur s'approche de moi.

The attacker approaches me.

10 Il est grand et costaud, mais je ne peux pas voir son visage car il porte un masque noir et une capuche. Je suis paralysé de peur.

He's tall and big, but I can't see his face because he's wearing a black mask and a hood. I am paralysed by fear.

15 Autour de nous, il semble y avoir plus de gens - trois ou quatre hommes dans l'ombre - tous portant des masques, donc je ne peux reconnaître
20 personne.

Around us, there seem to be more people - three or four men in the shadows - all wearing masks so I can't recognise anyone.

Soudain, le temps s'accélère et mon corps réagit. Je cours dans l'obscurité vers les catacombes.
25

Suddenly, time speeds up and my body reacts. I run in the darkness back towards the catacombs.

Je sens que les assaillants sont derrière moi et je me prépare pour le coup final.

I sense that the attackers are behind me, and I prepare myself for the final blow.

30 —Où est Yuki ? je me demande, mon cœur battant comme un marteau.

Where is Yuki? I ask myself, with my heart beating like a hammer.

— Ne pars pas ! Quelqu'un crie derrière moi. C'est une voix familière, mais je ne peux pas l'identifier. Je veux juste te parler !

Devant moi, je vois que Yuki se cache derrière un banc de la cathédrale. Yuki fait un signal de la tête et je vois qu'elle a mis une planche de bois dans le transept.

Sans réfléchir, je saute par-dessus la planche, mais mon agresseur ne la voit pas et tombe au sol. J'entends des cris derrière nous, mais un instant plus tard, Yuki et moi descendons l'escalier de pierre.

Nous entrons dans le tunnel et nous éteignons immédiatement nos torches pour que les attaquants ne nous voient pas.

Je rampe aussi vite que je peux et je sens mon corps trempé de sueur. Derrière nous, j'entends des cris de confusion.

"Don't go!" shouts someone behind me. It's a familiar voice, but I can't place it. "I just want to talk to you!"

In front of me, I see that Yuki is hidden behind a cathedral pew. Yuki makes a signal with her head, and I see that she has put a wooden plank in the aisle.

Without thinking, I jump over the plank, but my attacker doesn't see it and he falls on the floor. I hear shouts behind us, but a moment later, Yuki and I are going down the stone staircase.

We climb into the tunnel and immediately turn off our torches so that the attackers cannot see us.

I crawl as fast as I can, and I feel my body is soaked in sweat. Behind us, there are shouts of confusion.

J'entends aussi l'aboiement d'un chien. J'imagine le chien nous poursuivant dans le tunnel et je prie pour que les assaillants ne trouvent pas l'entrée. Nous montons l'échelle et nous sortons par la porte dérobée.

Une fois dehors, l'air paraît frais et je reprends mon souffle. Je suis en état de choc.

Se peut-il que mon oncle soit la personne qui m'attendait dans la cathédrale ? Et maintenant il est blessé ou pire... Je dois faire quelque chose pour l'aider.

— Il y avait quelqu'un à l'intérieur... mon oncle... je dis à bout de souffle, essayant de m'expliquer à Joanna. Ils nous ont attaqués et... je dois faire quelque chose.

— Nous allons appeler la police, répond Joanna.

— Ce ne sera pas nécessaire, répond une voix. C'est l'agent Victor. Il est avec un autre policier et il a l'air en colère.

I also hear a dog barking. I imagine the dog chasing us through the tunnel and I pray that the attackers don't find the entrance. We climb up the ladder and out through the trap door.

Once outside, the air seems cool, and I catch my breath. I am in shock.

Can it be that my uncle was the person waiting for me in the cathedral? And now he's injured or worse… I have to do something to help him.

"There was someone inside … my uncle …" I say breathlessly, trying to explain myself to Joanna. "They attacked us and … I have to do something."

"We're going to call the police," replies Joanna.

"That won't be necessary," answers a voice. It's Agent Victor. He's with another policeman and he seems angry.

— Monsieur Sam, dit-il, nous nous rencontrons à nouveau. Voyons, tu as décidé de faire une promenade nocturne ?

5

—Agent Victor... je réponds, reprenant mon souffle, mais je ne sais pas quoi dire. Je ne veux pas admettre que j'ai été

10 dans la cathédrale la nuit. Mais quelqu'un - mon oncle - est à l'intérieur et il a besoin de mon aide.

15 — Ils m'aidaient, agent Victor, dit Paulette en toussant. Ces jeunes viennent me donner à manger et discutent avec moi tous les soirs. Mais nous avons

20 entendu des cris à l'intérieur de la cathédrale. Je pense que vous devriez enquêter.

Le policier me regarde d'un air
25 soupçonneux, mais finalement, l'agent Victor nous dit qu'il va jeter un coup d'œil à l'intérieur de la cathédrale.

30 Quand je retourne à l'Auberge de Saint-Sernin, même mon âme me fait mal : les genoux,

"Mr. Sam," he says, "we meet again. Let me see, did you decide to take an evening stroll?"

"Agent Victor …" I reply catching my breath, but I don't know what to say. I don't want to admit that I've been in the cathedral at night. But someone - my uncle - is inside and he needs my help.

"They were helping me, Officer Victor," says Paulette, coughing. "These youngsters come to give me food and talk to me every night. But we heard shouts inside the cathedral. I think you should investigate."

The policeman stares at me with distrust, but in the end, Agent Victor tells us that he will take a look inside the cathedral.

When I get back to the Auberge de Saint-Sernin, even my soul aches: my knees, les mains, le dos... J'ai vraiment mal.

La nuit dans la cathédrale a été un désastre.

Je ne sais toujours pas qui je suis et maintenant je me sens coupable de cette attaque qui a laissé quelqu'un blessé. Mon oncle. Je ne sais pas si je vais pouvoir dormir.

Valentina est à la réception avec Hassan. Ils ont l'air très inquiets et quand ils me voient, ils se lèvent et se précipitent vers nous. Valentina me donne un verre d'eau.

— Qu'est-ce qui s'est passé ?

Yuki lui raconte ce qui s'est passé - le passage secret, l'homme mystérieux dans la cathédrale, l'attaque - tandis que je pense à mon oncle : Qu'est-ce qu'il m'a dit dans la cathédrale avant l'attaque ? Cassette ? Casserole ? Cas-quelque chose.

my hands, my back…I am really in pain.

The night in the cathedral has been a disaster.

I still don't know who I am and now I feel guilty for the attack that has left someone injured. My uncle. I don't know if I am going to be able to sleep.

Valentina is in reception with Hassan. The two seem very worried and when they see me, they get up and rush over. Valentina gives me a glass of water.

"What happened?"

Yuki tells them what happened - the secret passageway, the mysterious man in the cathedral, the attack - while I think about my uncle. *What did he say to me in the cathedral before the attack? Cassette? Casserole? Cas-something.*

Soudain, quelque chose me vient à l'esprit et j'ouvre mon sac à dos.	Suddenly, something occurs to me, and I open my backpack.
5 — Qu'est-ce que c'est, Sam ? Qu'est-ce que tu cherches ? Je sors mon portefeuille et cherche la carte de crédit que j'ai trouvée hier. 10	"What is it, Sam? What are you looking for?" I take out my wallet and look for the credit card I found yesterday.
Je la regarde et confirme que le nom sur la carte est bien celui que je pensais.	I look at it and confirm that the name on the card is what I thought.
15 — La Cassole ! je dis, presque en criant. C'est ce que mon oncle m'a dit dans la cathédrale. Ce nom a quelque chose à voir avec mon identité. 20	"La Cassole!" I say, almost shouting. "It's what my uncle said to me in the cathedral. This name has something to do with my identity."
Yuki, Joanna et Hassan regardent la carte de crédit avec intérêt, mais Valentina paraît très sérieuse. 25	Yuki, Joanna and Hassan look at the credit card with interest, but Valentina looks very serious.
— Sais-tu ce qu'est la Cassole, Valentina ? Penses-tu que c'est l'endroit où je travaillais avant l'accident ? je lui demande. 30	"You know what the Cassole is, Valentina? You think it's the place where I worked before the accident?" I ask her.
— Sam, c'est juste que... répond-elle nerveusement.	"Sam, it's just that …" she answers nervously.

Le téléphone de l'auberge
sonne, interrompant Valentina.
C'est Victor.

5   Quand Valentina raccroche,
elle me regarde.

— Sam, Victor dit qu'il n'y
avait personne à la cathédrale...
10

— Mais qu'est-ce que tu dis ?
Je te jure qu'il y avait mon
oncle et ce groupe de
délinquants étaient là. Yuki a
15   tout vu...

— À moins qu'il n'y ait des
fantômes dans la cathédrale,
répond Yuki.
20

Je soupire d'incrédulité. Il n'y a
rien que je puisse faire.

— Dis-moi donc, Valentina.
25   Que sais-tu de la Cassole ?

— Sam... c'est compliqué... La
Cassole est une entreprise. Ils
ont un entrepôt à la campagne
30   près d'ici.

— Donc, je dois y aller.

The phone in the hostel rings,
interrupting Valentina. It's
Victor.

When Valentina hangs up, she
looks at me.

"Sam, Victor says there was no
one in the cathedral …"

"But what are you saying? I
swear to you that my uncle and
that group of thugs were in
there. Yuki saw everything …"

"Unless there are ghosts in the
cathedral," replies Yuki.

I sigh incredulously.
There's nothing I can do.

"So, tell me, Valentina. What
do you know about the
Cassole?"
"Sam … it's complicated …
the Cassole is a business. They
have a warehouse in the
countryside near here."

"So, I have to go there."

— Mais Sam, Valentina
s'approche plus près de moi, la
Cassole est... c'est une façade
pour des opérations illégales
5   et... le truc, c'est que le patron
est... Albert.

À ce moment-là, quelqu'un
passe la porte. C'est le petit ami
10 de Valentina, Fernand.

—Fernand, dit Valentina, tu
connais Sam ?

15 Fernand me regarde de haut en
bas, mais il ne dit pas un mot.

— On se connaît, je me dis en
serrant les dents et roulant les
20 yeux.

— Mon frère travaille ici de
temps en temps... commence
Valentina.
25

— Ton frère ? je répète,
surpris. Fernand est ton frère ?

30 Fernand rit et dit :
— Qu'est-ce que tu croyais ?
Que j'étais son mari ?

"But, Sam," Valentina moves
closer to me, "the Cassole is…
it's a cover for illegal business
and … the thing is, the boss is
… Albert."

At that moment, someone
walks in the door. It's
Valentina's boyfriend, Fernand.

"Fernand," says Valentina, "do
you know Sam?"

Fernand looks me up and
down, but doesn't say a word.

"We *know* each other"
I say to myself through gritted
teeth and rolling my eyes.

"My brother works here from
time to time …" begins
Valentina.

"Your brother?" I repeat,
surprised. "Fernand is your
brother?"

Fernand laughs, "What did you
think? That I was her
husband?"

Je suis soulagé de savoir que
Fernand n'est pas le petit ami
de Valentina, mais en même
temps, un frisson parcourt mon
5   corps.

Je reconnais la voix de
Fernand.

10 C'est la voix que j'ai entendue
dans la cathédrale. La voix de
mon agresseur.

I feel relieved to know that
Fernand isn't Valentina's
boyfriend, but at the same time,
a chill runs through my body.

I recognise Fernand's voice.

It's the voice I heard in the
cathedral. The voice of my
attacker.